ŒUVRES POÉTIQUES

DE

BOILEAU DESPRÉAUX

ÉDITION CLASSIQUE

ACCOMPAGNÉE DE NOTES LITTÉRAIRES, PHILOLOGIQUES ET HISTORIQUES, ET DES IMITATIONS DES AUTEURS ANCIENS ET MODERNES

Par N. A. DUBOIS

ANCIEN PROFESSEUR DE L'UNIVERSITÉ.

Art poétique.

PARIS.

IMPRIMERIE ET LIBRAIRIE CLASSIQUES

De JULES DELALAIN et FILS

RUE DES ÉCOLES, VIS-A-VIS DE LA SORBONNE

ART POÉTIQUE

DE BOILEAU.

On trouve à la même librairie :

BOSSUET. Discours sur l'Histoire universelle, édition accompagnée de remarques et d'appréciations littéraires, par M. E. Lefranc; 1 vol. in-12.

BOSSUET. Oraisons funèbres, édition accompagnée de remarques et d'appréciations littéraires, par M. P. Allain; 1 vol. in-12.

FÉNELON. Aventures de Télémaque, édition accompagnée de remarques et d'appréciations littéraires, par M. P. Allain; 1 vol. in-12.

FÉNELON. Dialogues des Morts, édition accompagnée de notes et de remarques, par M. P. Longueville; 1 vol. in-12.

FÉNELON. Dialogues sur l'Éloquence, édition accompagnée de remarques et d'appréciations littéraires, par M. J. Girard; in-12.

FÉNELON. Lettre à l'Académie, édition accompagnée de remarques et d'appréciations littéraires, par M. A. Dubois; in-12.

LA BRUYÈRE. Caractères, édition accompagnée de remarques et d'appréciations littéraires, par M. J. Helleu; 1 vol. in-12.

LA FONTAINE. Fables, édition accompagnée de remarques et d'appréciations littéraires, par M. Héguin de Guerle; 1 vol. in-12.

MASSILLON. Petit Carême, édition accompagnée de remarques et d'appréciations littéraires, par M. E. Lefranc; 1 vol. in-12.

MONTESQUIEU. Grandeur et décadence des Romains, édition accompagnée de remarques et d'appréciations littéraires, par M. P. Longueville; 1 vol. in-12.

PASCAL. Pensées, édition accompagnée de notes et de remarques, par M. Pr. Faugère; 1 vol. in-12.

ROUSSEAU (J. B.). Œuvres lyriques, édition accompagnée de remarques et d'appréciations littéraires, par M. E. Pessonneaux; 1 vol. in-12.

THÉATRE CLASSIQUE, contenant neuf pièces; édition accompagnée de remarques, d'analyses et d'appréciations littéraires, par MM. Dubois, Geoffroy, Lebobe, Longueville etc.; 1 fort vol. in-12.

VOLTAIRE. Histoire de Charles XII, édition accompagnée de remarques et d'appréciations littéraires, par M. J. Genouille; 1 vol. in-12.

VOLTAIRE. Siècle de Louis XIV, édition accompagnée de remarques et d'appréciations littéraires, par M. J. Genouille; 1 vol. in-12.

OEUVRES POÉTIQUES

DE

BOILEAU DESPRÉAUX

ÉDITION CLASSIQUE

ACCOMPAGNÉE DE NOTES LITTÉRAIRES, PHILOLOGIQUES ET HISTORIQUES, ET DES IMITATIONS DES AUTEURS ANCIENS ET MODERNES

Par N. A. DUBOIS

ANCIEN PROFESSEUR DE L'UNIVERSITÉ.

Art poétique.

PARIS.

IMPRIMERIE ET LIBRAIRIE CLASSIQUES

De JULES DELALAIN et FILS

RUE DES ÉCOLES, VIS-A-VIS DE LA SORBONNE.

ART POÉTIQUE[1].

CHANT I[2].

C'est en vain qu'au Parnasse un téméraire auteur
Pense de l'art des vers[3] atteindre la hauteur:
S'il ne sent point du ciel l'influence secrète,
Si son astre en naissant ne l'a formé poëte[4],
Dans son génie étroit il est toujours captif:
Pour lui Phébus est sourd et Pégase est rétif[5].
O vous donc qui, brûlant d'une ardeur périlleuse,
Courez du bel esprit[6] la carrière épineuse,
N'allez pas sur des vers sans fruit vous consumer,
Ni prendre pour génie un amour de rimer;
Craignez d'un vain plaisir les trompeuses amorces,
Et consultez longtemps votre esprit et vos forces[7].

1. Un *Art poétique*, ou une *Poétique*, est un *traité de l'art de la poésie.* Il ne faut pas oublier que le mot *poésie* (ποίησις) veut dire *création.*

2. Dans le premier chant, Boileau donne des règles générales pour la poésie, et il y entremêle l'histoire de la poésie française, depuis Villon jusqu'à Malherbe.

3. *Vers* vient du mot latin *versus* (tourné). Le vers s'arrête pour recommencer les mêmes rhythmes; la prose (du latin *prosa,* dérivé de *prorsus,* droit, direct), au contraire, va droit à son but sans être gênée par ces retours.

4. Ces figures sont empruntées à l'astrologie judiciaire.

5. Tu nihil invita dices faciesve Minerva. (Hor., Art poét., 385.)

6. *Bel esprit,* qui se prendrait aujourd'hui en mauvaise part, était, du temps de Boileau, synonyme d'*esprit supérieur*, de *talent,* et même de *génie.*

7. Sumite materiam vestris, qui scribitis, æquam
Viribus, et versate diu quid ferre recusent,
Quid valeant humeri. (Hor., Art poét., 38.)

La nature, fertile en esprits excellents,
Sait entre les auteurs partager les talents:
L'un peut tracer en vers une amoureuse flamme,
L'autre d'un trait plaisant aiguiser l'épigramme;
Malherbe d'un héros peut vanter les exploits[1];
Racan chanter Philis, les bergers et les bois[2].
Mais souvent un esprit qui se flatte et qui s'aime
Méconnaît son génie et s'ignore soi-même.
Ainsi tel, autrefois qu'on vit avec Faret
Charbonner de ses vers les murs d'un cabaret[3],
S'en va mal à propos, d'une voix insolente,
Chanter du peuple hébreu la fuite triomphante,
Et, poursuivant Moïse au travers des déserts,
Court avec Pharaon se noyer dans les mers[4].
Quelque sujet qu'on traite, ou plaisant ou sublime,
Que toujours le bon sens s'accorde avec la rime:
L'un l'autre vainement ils semblent se haïr,
La rime est une esclave et ne doit qu'obéir;
Lorsqu'à la bien chercher d'abord on s'évertue,
L'esprit à la trouver aisément s'habitue;
Au joug de la raison sans peine elle fléchit[5],
Et, loin de la gêner, la sert et l'enrichit.
Mais lorsqu'on la néglige, elle devient rebelle,
Et, pour la rattraper, le sens court après elle.
Aimez donc la raison : que toujours vos écrits
Empruntent d'elle seule et leur lustre et leur prix[6].
La plupart, emportés d'une fougue insensée,
Toujours loin du droit sens vont chercher leur pensée.
Ils croiraient s'abaisser, dans leurs vers monstrueux,
S'ils pensaient ce qu'un autre a pu penser comme eux.

1. Les odes de Malherbe.

2. Les *Bergeries* de Racan.

3. Nigri fornicis ebrium poetam,
Qui carbone rudi putrique creta
Scribit carmina. (Mart., Epig. XII, 61.)

4. Le *Moïse sauvé*, par Saint-Amand.

5. En prose, il faudrait *sous le joug;* mais *au joug* est bien plus poétique.

6. Scribendi recte sapere est et principium et fons. (Hor., Art poét., 309.)

Evitons ces excès. Laissons à l'Italie
De tous ces faux brillants l'éclatante folie[1].
Tout doit tendre au bon sens; mais, pour y parvenir,
Le chemin est glissant et pénible à tenir.
Pour peu qu'on s'en écarte, aussitôt on se noie[2] :
La raison, pour marcher, n'a souvent qu'une voie.
Un auteur quelquefois, trop plein de son objet,
Jamais sans l'épuiser n'abandonne un sujet.
S'il rencontre un palais, il m'en dépeint la face :
Il me promène après de terrasse en terrasse.
Ici s'offre un perron; là règne un corridor :
Là ce balcon s'enferme en un balustre[3] d'or.
Il compte des plafonds les ronds et les ovales :
Ce ne sont que festons, ce ne sont qu'astragales[4];
Je saute vingt feuillets pour en trouver la fin,
Et je me sauve à peine au travers du jardin.
Fuyez de ces auteurs l'abondance stérile[5],
Et ne vous chargez point d'un détail inutile.
Tout ce qu'on dit de trop est fade et rebutant :
L'esprit rassasié le rejette à l'instant.
Qui ne sait se borner ne sut jamais écrire.
Souvent la peur d'un mal nous conduit dans un pire[6] :
Un vers était trop faible, et vous le rendez dur :
J'évite d'être long, et je deviens obscur[7].
L'un n'est point trop fardé; mais sa muse est trop nue :
L'autre a peur de ramper; il se perd dans la nue.
Voulez-vous du public mériter les amours ?

1. Allusion aux *concetti*, pointes du bel esprit italien au dix-septième siècle.

2. La figure ici n'est pas assez ménagée par les idées accessoires.

3. *Balustre*, sorte de petit pilier façonné, avec un renflement vers le milieu.

4. *Astragale*, petite moulure ronde qui entoure le haut du fût d'une colonne.

5. Quidquid præcipies, esto brevis, ut cito dicta
Percipiant animi dociles, teneantque fideles. (Hor., Art poét., 335.)

6. In vitium ducit culpæ fuga, si caret arte. (Hor., Art poét., 31.)

7. Decipimur specie recti : brevis esse laboro,
Obscurus fio. (Hor., Art. poét., 25.)

Sans cesse en écrivant variez vos discours.
Un style trop égal et toujours uniforme
En vain brille à nos yeux ; il faut qu'il nous endorme.
On lit peu ces auteurs, nés pour nous ennuyer,
Qui toujours sur un ton semblent psalmodier [1].
Heureux qui dans ses vers sait, d'une voix légère,
Passer du grave au doux, du plaisant au sévère [2] !
Son livre, aimé du ciel et chéri des lecteurs,
Est souvent chez Barbin entouré d'acheteurs.
Quoi que vous écriviez, évitez la bassesse :
Le style le moins noble a pourtant sa noblesse.
Au mépris du bon sens, le burlesque effronté
Trompa les yeux d'abord, plut par sa nouveauté.
On ne vit plus en vers que pointes triviales;
Le Parnasse parla le langage des halles.
La licence à rimer alors n'eut plus de frein :
Apollon travesti devint un Tabarin [3].
Cette contagion infecta les provinces,
Du clerc et du bourgeois passa jusques aux princes;
Le plus mauvais plaisant eut ses approbateurs,
Et, jusqu'à d'Assoucy, tout trouva des lecteurs.
Mais de ce style enfin la cour désabusée
Dédaigna de ces vers l'extravagance aisée,
Distingua le naïf du plat et du bouffon,
Et laissa la province admirer le *Typhon* [4].
Que ce style jamais ne souille votre ouvrage.
Imitons de Marot l'élégant badinage,
Et laissons le burlesque aux plaisants du Pont-Neuf.

1. Et citharœdus
Ridetur, chorda qui semper oberrat eadem. (Hor., Art poét., 355.)

Psalmodier, réciter des psaumes sans inflexion de voix, et dès lors avec monotonie.

2 Omne tulit punctum qui miscuit utile dulci. (Hor., Art. poét., 343.)

3. Allusion au *Virgile travesti* de Scarron.—*Tabarin*, bouffon grossier, valet de Mondor, charlatan qui établissait son théâtre sur la place Dauphine, au commencement du dix-septième siècle, et qui voyageait dans le royaume avec sa troupe.

4. Le *Typhon* ou la *Gigantomachie*, poëme burlesque en cinq chants, publié par Scarron en 1644.

Mais n'allez point aussi, sur les pas de Brébeuf,
Même en une Pharsale, entasser sur les rives
De morts et de mourants cent montagnes plaintives[1].
Prenez mieux votre ton. Soyez simple avec art,
Sublime sans orgueil, agréable sans fard.

N'offrez rien au lecteur que ce qui peut lui plaire.
Ayez pour la cadence[2] une oreille sévère :
Que toujours dans vos vers le sens, coupant les mots,
Suspende l'hémistiche, en marque le repos.

Gardez qu'une voyelle, à courir trop hâtée,
Ne soit d'une voyelle en son chemin heurtée[3].

Il est un heureux choix de mots harmonieux :
Fuyez des mauvais sons le concours odieux.
Le vers le mieux rempli, la plus noble pensée,
Ne peut plaire à l'esprit quand l'oreille est blessée.

Durant les premiers ans du Parnasse françois,
Le caprice tout seul faisait toutes les lois[4].
La rime, au bout des mots assemblés sans mesure,
Tenait lieu d'ornements, de nombre et de césure[5].
Villon sut le premier, dans ces siècles grossiers,
Débrouiller l'art confus de nos vieux romanciers[6] :
Marot bientôt après fit fleurir les ballades[7],

1. Vers de Brébeuf, dans sa traduction de la *Pharsale* de Lucain.

2. *Cadence*, de *cadere*, désigne les chutes, les temps d'arrêt dans la succession des nombres ou suites de syllabes plus ou moins harmonieuses.

3. C'est-à-dire : évitez l'hiatus.

4. *François* (pour *français*) et *lois* ne rimeraient plus aujourd'hui. Ces rimes pour l'œil étaient admises du temps de Boileau.

5. *Césure*. Gardez-vous de confondre la *césure* et l'*hémistiche*. L'hémistiche est la moitié du vers, ἡμίστιχος. La césure, qui rompt le vers (*cædit*) est partout où elle coupe la phrase.

6. Poëtes épiques du moyen âge, dont les épopées s'appelaient des *romans*, comme ayant été écrits en langue *romane*.

7. *Ballades*, primitivement chansons composées pour l'accompagnement de la danse, du mot italien *ballare*, danser. C'était au temps de Marot une pièce de trois strophes, chacune de 8, 10 ou 12 vers, avec un envoi de 4 à 7 vers.

Tourna des triolets[1], rima des mascarades[2],
A des refrains réglés asservit les rondeaux[3],
Et montra pour rimer des chemins tout nouveaux.
Ronsard, qui le suivit, par une autre méthode,
Réglant tout, brouilla tout, fit un art à sa mode,
Et toutefois longtemps eut un heureux destin.
Mais sa muse, en français parlant grec et latin,
Vit dans l'âge suivant, par un retour grotesque,
Tomber de ses grands mots le faste pédantesque.
Ce poëte orgueilleux, trébuché de si haut,
Rendit plus retenus Desportes et Bertaut.
Enfin Malherbe vint, et, le premier en France,
Fit sentir dans les vers une juste cadence,
D'un mot mis en sa place enseigna le pouvoir[4],
Et réduisit la muse aux règles du devoir.
Par ce sage écrivain la langue réparée
N'offrit plus rien de rude à l'oreille épurée.
Les stances[5] avec grâce apprirent à tomber,
Et le vers sur le vers n'osa plus enjamber.
Tout reconnut ses lois ; et ce guide fidèle

1. *Triolet*, petite pièce de 8 vers, dont le premier se retrouve le quatrième, et les deux premiers, le septième et le huitième.

2. *Mascarades*, pièces de vers sans formes spéciales, faites pour les personnes qui dansaient dans un bal masqué.

3. *Rondeau*, vient de *ronde* ou retour d'un même mot et d'une même pensée. La forme en a varié.

4. Rien de plus important que la place des mots. Virgile nous en fournit mille exemples. Lorsqu'il représente les femmes troyennes qui regardent la mer en pleurant, il dit :

Pontum aspectabant flentes.

Mettez *Flentes pontum aspectabant*, et l'image disparaît. Il en est de même pour ce vers :

Navem in conspectu nullam.

Un poëte ordinaire aurait mis :

Nullam in conspectu navem.

L'expression alors aurait perdu toute sa magie.

5. Du mot latin *stare*, s'arrêter. La stance est un nombre fixe de vers formant un sens complet.

Aux auteurs de ce temps sert encor de modèle.
Marchez donc sur ses pas; aimez sa pureté,
Et de son tour heureux imitez la clarté.
Si le sens de vos vers tarde à se faire entendre,
Mon esprit aussitôt commence à se détendre,
Et, de vos vains discours prompt à se détacher,
Ne suit point un auteur qu'il faut toujours chercher[1].
Il est certains esprits dont les sombres pensées
Sont d'un nuage épais toujours embarrassées :
Le jour de la raison ne le saurait percer.
Avant donc que d'écrire, apprenez à penser.
Selon que notre idée est plus ou moins obscure,
L'expression la suit, ou moins nette, ou plus pure :
Ce que l'on conçoit bien s'énonce clairement[2],
Et les mots pour le dire arrivent aisément.
Surtout qu'en vos écrits la langue, révérée,
Dans vos plus grands excès vous soit toujours sacrée.
En vain vous me frappez d'un son mélodieux,
Si le terme est impropre ou le tour vicieux :
Mon esprit n'admet point un pompeux barbarisme,
Ni d'un vers ampoulé l'orgueilleux solécisme[3] :
Sans la langue, en un mot, l'auteur le plus divin
Est toujours, quoi qu'il fasse, un méchant écrivain.
Travaillez à loisir, quelque ordre qui vous presse[4],
Et ne vous piquez point d'une folle vitesse.
Un style si rapide, et qui court en rimant,
Marque moins trop d'esprit que peu de jugement.
J'aime mieux un ruisseau, qui, sur la molle arène,
Dans un pré plein de fleurs lentement se promène,

1. C'est-à-dire : *dont il faut toujours chercher le sens.*

2. Cui lecta potenter erit res,
Nec facundia deseret hunc, nec lucidus ordo. (Hor., Art. poét., 40.)
Verbaque provisam rem non invita sequentur. (Hor., Art. poét., 311.)

3. On croit que, dans ce passage, Boileau veut faire allusion au vers de Corneille :

Ton bras est *invaincu*, mais non pas invincible.

Barbarisme, faute contre la langue.— *Solécisme*, faute contre la syntaxe.

4. ..... Nonumque prematur in annum. (Hor., Art poét., 388.)

Qu'un torrent débordé, qui, d'un cours orageux,
Roule, plein de gravier, sur un terrain fangeux.
Hâtez-vous lentement[1]; et, sans perdre courage,
Vingt fois sur le métier remettez votre ouvrage[2] :
Polissez-le sans cesse et le repolissez;
Ajoutez quelquefois, et souvent effacez[3].
C'est peu qu'en un ouvrage où les fautes fourmillent,
Des traits d'esprit semés de temps en temps pétillent;
Il faut que chaque chose y soit mise en son lieu;
Que le début, la fin, répondent au milieu[4];
Que d'un art délicat les pièces assorties
N'y forment qu'un seul tout de diverses parties[5];
Que jamais du sujet le discours s'écartant
N'aille chercher trop loin quelque mot éclatant.
  Craignez-vous pour vos vers la censure publique :
Soyez-vous à vous-même un sévère critique[6].
L'ignorance toujours est prête à s'admirer[7].
  Faites-vous des amis prompts à vous censurer.
Qu'ils soient de vos écrits les confidents sincères,
Et de tous vos défauts les zélés adversaires.
Dépouillez devant eux l'arrogance d'auteur;
Mais sachez de l'ami discerner le flatteur[8] :
Tel vous semble applaudir, qui vous raille et vous joue.
Aimez qu'on vous conseille, et non pas qu'on vous loue.
  Un flatteur aussitôt cherche à se récrier :
Chaque vers qu'il entend le fait s'extasier[9].

1. Proverbe grec : Σπεῦδε βραδέως, *festina lente.*

2. Carmen reprehendite, quod non
Multa dies et multa litura coercuit, etc. (Hor., Art poét., 292.)

3. Sæpe stylum vertas, iterum quæ digna legi sint
Scripturus. (Hor., Sat. I, 10.)

4. Primo ne medium, medio ne discrepet imum. (Hor., Art poét., 152.)

5. Denique sit quodvis simplex duntaxat et unum. (Hor., Art poét. 23.)

6. *Critique*, juge examinateur, de κρίνω, juger.

7. Ridentur mala qui componunt carmina; verum
Gaudent scribentes, et se venerantur, et ultro,
Si taceas, laudant quidquid scripsere beati. (Hor., Ép. II, 2.)

8. Mirabor, si sciet inter-
Noscere mendacem verumque beatus amicum. (Hor., Art. poét., 424.)

9. Nolito ad versus tibi factos ducere plenum
Lætitiæ; clamabit enim : « Pulchre, bene, recte! » (Hor., Art poét., 427.)

Tout est charmant, divin, aucun mot ne le blesse;
Il trépigne de joie, il pleure de tendresse;
Il vous comble partout d'éloges fastueux.
La vérité n'a point cet air impétueux.
  Un sage ami, toujours rigoureux, inflexible[1],
Sur vos fautes jamais ne vous laisse paisible.
Il ne pardonne point les endroits négligés :
Il renvoie en leur lieu les vers mal arrangés:
Il réprime des mots l'ambitieuse emphase[2] :
Ici le sens le choque, et plus loin c'est la phrase[3] :
Votre construction semble un peu s'obscurcir;
Ce terme est équivoque[4], il le faut éclaircir.
C'est ainsi que vous parle un ami véritable.
Mais souvent sur ses vers un auteur intraitable
A les protéger tous se croit intéressé,
Et d'abord prend en main le droit de l'offensé.
De ce vers, direz-vous, l'expression est basse. —
Ah! monsieur, pour ce vers je vous demande grâce,
Répondra-t-il d'abord. — Ce mot me semble froid;
Je le retrancherais. — C'est le plus bel endroit. —
Ce tour ne me plaît pas. — Tout le monde l'admire. —
Ainsi, toujours constant à ne point se dédire,
Qu'un mot dans son ouvrage ait paru vous blesser,
C'est un titre chez lui pour ne point l'effacer.
Cependant, à l'entendre, il chérit la critique[5] ·

1. Vir bonus et prudens versus reprehendet inertes. (Hor., Art poét., 445.)

2. Emphase, pompe affectée. Ce n'est que l'*apparence* et non la *réalité* du beau.

3. La *phrase* est la locution qui sert à exprimer la pensée.

4. Équivoque, d'*æqua vox*, voix ou sens égal. L'équivoque a lieu lorsque l'esprit reste incertain et suspendu entre deux sens.

5. Et verum, inquit, amo; verum mihi dicito de me. (Pers., Sat. I.)

Il chérit la critique. Comme l'*Oronte* du *Misanthrope*. Quand il consulte Alceste sur son *sonnet*, et que celui-ci lui annonce qu'il a le *défaut*

D'être un peu plus sincère en cela qu'il ne faut,

Oronte lui répond sur-le-champ :

C'est ce que je demande; et j'aurais lieu de plainte,
Si, m'exposant à vous pour me parler sans feinte,
Vous alliez me trahir et me déguiser rien.

Vous avez sur ses vers un pouvoir despotique.
Mais tout ce beau discours, dont il vient vous flatter,
N'est rien qu'un piége adroit pour vous les réciter.
Aussitôt il vous quitte, et, content de sa muse,
S'en va chercher ailleurs quelque fat qu'il abuse;
Car souvent il en trouve. Ainsi qu'en sots auteurs,
Notre siècle est fertile en sots admirateurs;
Et, sans ceux que fournit la ville et la province,
Il en est chez le duc, il en est chez le prince.
L'ouvrage le plus plat a, chez les courtisans,
De tout temps rencontré de zélés partisans;
Et pour finir enfin par un trait de satire,
Un sot trouve toujours un plus sot qui l'admire.

CHANT II[1].

Telle qu'une bergère, au plus beau jour de fête,
De superbes rubis ne charge point sa tête,
Et, sans mêler à l'or l'éclat des diamants,
Cueille en un champ voisin ses plus beaux ornements;
Telle, aimable en son air, mais humble dans son style,
Doit éclater sans pompe une élégante idylle[2].
Son ton simple et naïf n'a rien de fastueux,
Et n'aime point l'orgueil d'un vers présomptueux.
Il faut que sa douceur flatte, chatouille, éveille,

Or, lorsqu'Alceste lui parle en effet *sans feinte* et ne lui *déguise rien,* Oronte se fâche et s'écrie :

Et moi, je vous soutiens que mes vers sont fort bons.
. . . .
Il me suffit de voir que d'autres en font cas.
(*Le Misanthrope,* acte I, scène II.)

1. Le second chant décrit l'idylle ou l'églogue, l'élégie, l'ode, le sonnet, l'épigramme, le rondeau, la ballade, le madrigal, la satire et le vaudeville. Boileau ici varie son style avec autant d'art que d'habileté, pour peindre chaque genre de poésie avec les couleurs qui lui sont propres.

2. *Idylle*, petit poëme dans le genre pastoral. L'étymologie est εἶδος, *forme, image*. Les idylles de Théocrite et les églogues de Virgile sont les modèles de ce genre de poésie.

Et jamais de grands mots n'épouvante l'oreille.
Mais souvent dans ce style un rimeur aux abois
Jette là, de dépit, la flûte et le hautbois,
Et, follement pompeux dans sa verve indiscrète,
Au milieu d'une églogue entonne la trompette[1] :
De peur de l'écouter, Pan fuit dans les roseaux;
Et les nymphes, d'effroi, se cachent sous les eaux.
Au contraire, cet autre, abject en son langage,
Fait parler ses bergers comme on parle au village.
Ses vers plats et grossiers, dépouillés d'agrément,
Toujours baisent la terre et rampent tristement.
On dirait que Ronsard, sur ses pipeaux rustiques,
Vient encore fredonner ses idylles gothiques,
Et changer, sans respect de l'oreille[2] et du son,
Lycidas en Pierrot et Philis en Toinon.
Entre ces deux excès la route est difficile.
Suivez, pour la trouver, Théocrite et Virgile :
Que leurs tendres écrits, par les Grâces dictés,
Ne quittent point vos mains, jour et nuit feuilletés[3].
Seuls, dans leurs doctes vers, ils pourront vous apprendre
Par quel art sans bassesse un auteur peut descendre;
Chanter Flore, les champs, Pomone, les vergers,
Au combat de la flûte animer deux bergers[4];
Des plaisirs de l'amour vanter la douce amorce,
Changer Narcisse en fleur, couvrir Daphné d'écorce[5],
Et par quel art encor l'églogue quelquefois
Rend digne d'un consul la campagne et les bois[6].
Telle est de ce poëme et la force et la grâce.
D'un ton un peu plus haut, mais pourtant sans audace,

1. C'est-à-dire prend le ton élevé, comme s'il s'agissait d'un poëme épique.

2. *Sans respect de* ne se dirait pas en prose, il faudrait *pour*... C'est une sorte de latinisme que la poésie seule admet.

3. Nocturna versate manu, versate diurna. (Hor., Art poét., 269.)

4. Virgile, dans sa septième églogue.

5. On peut voir Ovide, *Métam.*, liv. I, 549, et liv. III, 509.

6. Si canimus silvas, silvæ sint consule dignæ. (Virg., Églog. IV.)

La plaintive élégie, en longs habits de deuil[1],
Sait, les cheveux épars, gémir sur un cercueil.
Elle peint des amants la joie et la tristesse,
Flatte, menace, irrite, apaise une maîtresse.
Mais, pour bien exprimer ces caprices heureux,
C'est peu d'être poëte, il faut être amoureux.
Je hais ces vains auteurs dont la muse forcée
M'entretient de ses feux, toujours froide et glacée,
Qui s'affligent par art, et, fous de sens rassis,
S'érigent pour rimer en amoureux transis.
Leurs transports les plus doux ne sont que phrases vaines;
Ils ne savent jamais que se charger de chaînes,
Que bénir leur martyre, adorer leur prison,
Et faire quereller le sens et la raison.
Ce n'était pas jadis sur ce ton ridicule
Qu'Amour dictait les vers que soupirait Tibulle,
Ou que, du tendre Ovide animant les doux sons,
Il donnait de son art les charmantes leçons.
Il faut que le cœur seul parle dans l'élégie.
L'ode[2] avec plus d'éclat et non moins d'énergie,
Élevant jusqu'au ciel son vol ambitieux,
Entretient dans ses vers commerce avec les dieux.
Aux athlètes dans Pise[3] elle ouvre la barrière,
Chante un vainqueur poudreux au bout de la carrière,
Mène Achille sanglant aux bords du Simoïs[4],
Ou fait fléchir l'Escaut sous le joug de Louis[5].

1. Horace la décrit ainsi dans son *Art poétique*, 75 :

> Versibus impariter junctis querimonia primum,
> Post etiam inclusa est voti sententia compos.

Élégie vient du grec, et signifie *dire hélas!* ἒ λέγειν.

2. *Ode*, ᾠδη, chant, d'abord synonyme de poésie lyrique.

> Musa dedit fidibus divos, puerosque deorum,
> Et pugilem victorem, et equum certamine primum,
> Et juvenum curas, et libera vina referre. (Hor., Art poét., 85.)

3. *Pise*, en Élide, où l'on célébrait les jeux Olympiques. Il ne faut pas la confondre avec la ville de Pise, en Italie.

4. *Simoïs*, ancienne rivière de la Troade.

5. Métalepse pour désigner les odes sur la conquête de la Hollande par Louis XIV.

Tantôt, comme une abeille ardente à son ouvrage,
Elle s'en va de fleurs dépouiller le rivage;
Elle peint les festins, les danses et les ris;
Vante un baiser cueilli sur les lèvres d'Iris[1],
Qui mollement résiste, et, par un doux caprice,
Quelquefois le refuse, afin qu'on le ravisse[2].
Son style impétueux souvent marche au hasard :
Chez elle un beau désordre est un effet de l'art.
  Loin ces rimeurs craintifs dont l'esprit flegmatique
Garde dans ses fureurs un ordre didactique[3];
Qui, chantant d'un héros les progrès éclatants,
Maigres historiens, suivront l'ordre des temps.
Ils n'osent un moment perdre un sujet de vue.
Pour prendre Dôle, il faut que Lille soit rendue,
Et que leur vers, exact ainsi que Mézeray,
Ait fait déjà tomber les remparts de Courtray.
Apollon de son feu leur fut toujours avare.
  On dit, à ce propos, qu'un jour ce dieu bizarre,
Voulant pousser à bout tous les rimeurs françois,
Inventa du sonnet[4] les rigoureuses lois[5];
Voulut qu'en deux quatrains de mesure pareille,
La rime avec deux sons frappât huit fois l'oreille,
Et qu'ensuite six vers artistement rangés
Fussent en deux tercets[6] par le sens partagés.

1. *Ris* et *Iris* ne rimeraient plus à présent. *Iris* est ici, par antonomase, un nom propre pour celui de telle ou telle femme.

2.
Dum flagrantia detorquet ad oscula
Cervicem, aut facili sævitia negat
Quæ poscente magis gaudeat eripi. (Hor., Od. II, 12.)

3. *Didactique*, qui est propre à enseigner, du grec διδάσκω.

4. *Sonnet*, petit poëme de 14 vers, ordinairement de même mesure, partagés en deux quatrains sur deux rimes, que chaque quatrain doit offrir dans le même ordre, et en deux tercets divisés par le sens comme les deux quatrains. Les deux premiers vers du premier tercet riment ensemble. Dans les vers suivants, les rimes ont en général un ordre autre que dans les deux quatrains.

5. Encore une de ces rimes pour l'œil qui ne suffiraient plus aujourd'hui pour l'oreille.

6. *Tercet*, réunion de trois vers.

Surtout de ce poëme il bannit la licence[1] :
Lui-même en mesura le nombre et la cadence,
Défendit qu'un vers faible y pût jamais entrer,
Ni qu'un mot[2] déjà mis osât s'y remontrer.
Du reste, il l'enrichit d'une beauté suprême :
Un sonnet sans défaut vaut seul un long poëme.
Mais en vain mille auteurs y pensent arriver;
Et cet heureux phénix est encore à trouver.
A peine dans Gombaut, Maynard et Malleville
En peut-on admirer deux ou trois entre mille.
Le reste, aussi peu lu que ceux de Pelletier,
N'a fait, de chez Sercy[3], qu'un saut chez l'épicier.
Pour enfermer son sens dans la borne prescrite,
La mesure est toujours trop longue ou trop petite.
L'épigramme, plus libre en son tour plus borné,
N'est souvent qu'un bon mot de deux rimes orné.
Jadis de nos auteurs les pointes ignorées
Furent de l'Italie en nos vers attirées :
Le vulgaire, ébloui de leur faux agrément,
A ce nouvel appât courut avidement.
La faveur du public excitant leur audace,
Leur nombre impétueux inonda le Parnasse.
Le madrigal d'abord en fut enveloppé :
Le sonnet orgueilleux lui-même en fut frappé;
La tragédie en fit ses plus chères délices;
L'élégie en orna ses douloureux caprices.
Un héros sur la scène eut soin de s'en parer,
Et sans pointe un amant n'osa plus soupirer.
On vit tous les bergers, dans leurs plaintes nouvelles,
Fidèles à la pointe encor plus qu'à leurs belles.
Chaque mot eut toujours deux visages[4] divers.
La prose la reçut aussi bien que les vers :
L'avocat au palais en hérissa son style,

1. Il ne s'agit ici que des *licences poétiques.*

2. *Un mot.* Boileau ne veut parler que des mots saillants, des expressions remarquables.

3. *Sercy,* libraire du palais.

4. *Deux visages,* deux sens, métaphore qui détermine la personnification de *chaque mot.*

Et le docteur en chaire en sema l'Evangile[1].
La raison outragée enfin ouvrit les yeux,
La chassa pour jamais des discours sérieux,
Et, dans tous ces écrits la déclarant infâme,
Par grâce, lui laissa l'entrée en l'épigramme,
Pourvu que sa finesse, éclatant à propos,
Roulât sur la pensée, et non pas sur les mots.
Ainsi, de toutes parts les désordres cessèrent;
Toutefois à la cour les Turlupins[2] restèrent;
Insipides plaisants, bouffons infortunés,
D'un jeu de mots grossier partisans surannés.
Ce n'est pas quelquefois qu'une muse un peu fine
Sur un mot, en passant, ne joue et ne badine,
Et d'un sens détourné n'abuse avec succès.
Mais fuyez sur ce point un ridicule excès;
Et n'allez pas toujours d'une pointe frivole
Aiguiser par la queue une épigramme folle.
Tout poëme est brillant de sa propre beauté.
Le rondeau, né gaulois, a la naïveté.
La ballade, asservie à ses vieilles maximes,
Souvent doit tout son lustre au caprice des rimes.
Le madrigal[3], plus simple, et plus noble en son tour,
Respire la douceur, la tendresse et l'amour.
L'ardeur de se montrer, et non pas de médire,
Arma la vérité du vers de la satire.
Lucile[4] le premier osa la faire voir,

1. *Évangile* est mis ici par métonymie pour des *sermons sur l'Évangile.*

2. Henri Legrand, comédien de l'hôtel de Bourgogne, avait pris, dans le haut comique, le nom de *Belleville*, et celui de *Turlupin* dans la farce. *Les Turlupins*, antonomase pour les *faiseurs de quolibets, semblables à Turlupin.*

3. *Madrigal* est le mot italien *madrigale*, que Gilles Durand de la Bergerie a francisé.

4. Est Lucilius ausus
Primus in hunc operis componere carmina morem. (Hor., Sat. II, 1.)

C. Lucilius, chevalier romain, fut l'inventeur de la satire. Les Grecs, avant lui, avaient composé des vers satiriques ou mordants; mais ils ne leur avaient donné ni le caractère ni le tour de la satire

Aux vices des Romains présenta le miroir,
Vengea l'humble vertu de la richesse altière,
Et l'honnête homme à pied du faquin en litière[1].
Horace à cette aigreur mêla son enjouement.
On ne fut plus ni fat ni sot impunément;
Et malheur à tout nom qui, propre à la censure,
Put entrer dans un vers sans rompre la mesure!
  Perse en ses vers obscurs, mais serrés et pressants,
Affecta d'enfermer moins de mots que de sens[2].
  Juvénal, élevé dans les cris de l'école[3],
Poussa jusqu'à l'excès sa mordante hyperbole.
Ses ouvrages, tout pleins d'affreuses vérités,
Etincellent pourtant de sublimes beautés.
Soit que sur un écrit arrivé de Caprée,
Il brise de Séjan la statue adorée;
Soit qu'il fasse au conseil courir les sénateurs[4],
D'un tyran soupçonneux pâles adulateurs;
Ou que, poussant à bout la luxure latine,
Aux portefaix de Rome il vende Messaline:
Ses écrits pleins de feu partout brillent aux yeux.
  De ces maîtres savants disciple ingénieux,
Régnier, seul parmi nous formé sur leurs modèles
Dans son vieux style encore a des grâces nouvelles;
Heureux si ses discours, craints du chaste lecteur,
Ne se sentaient des lieux où[5] fréquentait l'auteur,

latine. Aussi Quintilien a-t-il dit : *Satira tota nostra est;* et Diomède le grammairien : *Satira est carmen apud Romanos, non quidem apud Græcos, maledicum.*

1. *Litière,* du mot latin *lectica,* espèce de chaise à porteurs garnie d'une couche à matelas sur laquelle on s'étendait.

2. On a souvent demandé si ces deux vers sur Perse étaient une critique ou un éloge.

3. L'*école,* pour *les écoles*, des rhéteurs ou déclamateurs de son temps.

4. Quum jam semianimum laceraret Flavius orbem
Ultimus, et calvo serviret Roma Neroni,
Incidit adriaci spatium admirabile rhombi. (Juv. Sat. IV.)

5. On dirait plutôt aujourd'hui *que fréquentait l'auteur*. Cependant le dictionnaire de l'Académie (1835) reconnaît que le verbe *fréquenter* est aussi bien neutre qu'actif.

Et si du son hardi de ses rimes cyniques[1]
Il n'alarmait souvent les oreilles pudiques !
Le latin dans les mots brave l'honnêteté ;
Mais le lecteur français veut être respecté[2] :
Du moindre sens impur la liberté l'outrage,
Si la douceur des mots n'en adoucit l'image.
Je veux dans la satire un esprit de candeur,
Et fuis un effronté qui prêche la pudeur.
D'un trait de ce poëme, en bons mots si fertile,
Le Français, né malin, forma le vaudeville ;
Agréable indiscret, qui, conduit par le chant,
Passe de bouche en bouche et s'accroît en marchant[3].
La liberté française en ses vers se déploie :
Cet enfant de plaisir veut naître dans la joie.
Toutefois n'allez pas, goguenard dangereux,
Faire Dieu le sujet d'un badinage affreux.
A la fin tous ces jeux que l'athéisme[4] élève
Conduisent tristement le plaisant à la Grève.
Il faut, même en chansons, du bon sens et de l'art.
Mais pourtant on a vu le vin et le hasard
Inspirer quelquefois une muse grossière,
Et fournir sans génie un couplet à Linière.
Mais pour un vain bonheur qui vous a fait rimer,
Gardez qu'un sot orgueil ne vous vienne enfumer[5].
Souvent l'auteur altier de quelque chansonnette
Au même instant prend droit de se croire poëte :
Il ne dormira plus qu'il n'ait fait un sonnet ;
Il met tous les matins six impromptus[6] au net.

1. La racine de *cyniques* est κύων, chien. *Cynique*, en français, signifie impudent, obscène.

2. C'est à la religion chrétienne que la langue française doit cet avantage sur la langue latine du paganisme.

3. Mobilitate viget, viresque acquirit eundo. (Virg., Æn. IV.)

4. *Athéisme*, négation de l'existence de Dieu. On a dit avec raison qu'il ne pouvait pas y avoir d'athée de bonne foi.

5. *Enfumer*, métaphore. Les *fumées* de l'orgueil obscurcissent l'esprit et la raison.

6. Des deux mots latins : *in promptu*.

Encore est-ce un miracle, en ses vagues furies.
Si bientôt, imprimant ses sottes rêveries,
Il ne se fait graver au devant du recueil,
Couronné de lauriers par la main de Nanteuil.

CHANT III[1].

Il n'est point de serpent ni de monstre odieux
Qui, par l'art imité, ne puisse plaire aux yeux.
D'un pinceau délicat l'artifice agréable
Du plus affreux objet fait un objet aimable.
Ainsi, pour nous charmer, la tragédie en pleurs,
D'Œdipe[2] tout sanglant fit parler les douleurs,
D'Oreste[3] parricide exprima les alarmes,
Et, pour nous divertir[4], nous arracha des larmes.
Vous donc qui, d'un beau feu pour le théâtre épris,
Venez en vers pompeux y disputer le prix,
Voulez-vous sur la scène étaler des ouvrages
Où tout Paris en foule apporte ses suffrages,
Et qui, toujours plus beaux, plus ils sont regardés,
Soient au bout de vingt ans encor redemandés[5] ?
Que dans tous vos discours la passion émue
Aille chercher le cœur, l'échauffe et le remue[6].
Si d'un beau mouvement l'agréable fureur
Souvent ne nous remplit d'une douce terreur,
Ou n'excite en notre âme une pitié charmante,

1. Les règles de la tragédie, de la comédie et du poëme épique sont développées dans ce chant, le plus beau de tous, tant par la grandeur du sujet que par la manière brillante dont Boileau l'a traité.

2. Tragédie de Sophocle. Voltaire en a laissé une sur le même sujet.

3. Sujet de tragédie traité par Eschyle, Euripide et Sophocle.

4. Il faut se garder de prendre ici le mot *divertir* dans le sens d'*amuser*. Il signifie donner à l'âme une *distraction puissante*. Il est employé tout à fait dans le sens du mot latin *divertere*.

5. Fabula, quæ posci vult, et spectata reponi. (Hor., Art poët., 190.)

6. Meum qui pectus inaniter angit,
Irritat, mulcet, falsis terroribus implet. (Hor., Ép. II, 1.)

En vain vous étalez une scene savante :
Vos froids raisonnements ne feront qu'attiédir
Un spectateur toujours paresseux d'applaudir[1],
Et qui, des vains efforts de votre rhétorique[2]
Justement fatigué, s'endort ou vous critique.
Le secret est d'abord de plaire et de toucher.
Inventez des ressorts qui puissent m'attacher.
Que dès les premiers vers l'action préparée
Sans peine du sujet aplanisse l'entrée.
Je me ris d'un auteur qui, lent à s'exprimer,
De ce qu'il veut d'abord ne sait pas m'informer,
Et qui, débrouillant mal une pénible intrigue,
D'un divertissement me fait une fatigue.
J'aimerais mieux encor qu'il déclinât son nom,
Et dît : Je suis Oreste, ou bien Agamemnon,
Que d'aller, par un tas de confuses merveilles,
Sans rien dire à l'esprit, étourdir les oreilles.
Le sujet n'est jamais assez tôt expliqué.
Que le lieu de la scène y soit fixe et marqué.
Un rimeur[3], sans péril, delà les Pyrénées,
Sur la scène en un jour renferme des années.
Là, souvent le héros d'un spectacle grossier,
Enfant au premier acte, est barbon au dernier.
Mais nous, que la raison à ses règles engage,
Nous voulons qu'avec art l'action se ménage;
Qu'en un lieu, qu'en un jour, un seul fait accompli[4]
Tienne jusqu'à la fin le théâtre rempli.

1. *Paresseux de* est admis par l'Académie comme *paresseux à*.

2. *Rhétorique ;* ici manière d'écrire qui sent la rhétorique, qui cherche à suppléer par l'art à la nature.

3. *Lope de Véga*, poëte espagnol, qui a composé un très-grand nombre de comédies : il avait plus de fécondité que d'exactitude. Dans une de ses pièces, il représente l'histoire de *Valentin* et *Orson*, qui naissent au premier acte et sont fort âgés au dernier.

4. Ce vers comprend les trois unités de lieu, de temps et d'action, et le complément de l'action. Aristote, avant Boileau, avait donné le même précepte, chap. 8 de sa *Poétique*.

Jamais au spectateur n'offrez rien d'incroyable[1].
Le vrai peut quelquefois n'être pas vraisemblable.
Une merveille absurde est pour moi sans appas :
L'esprit n'est point ému de ce qu'il ne croit pas.
Ce qu'on ne doit point voir, qu'un récit nous l'expose.
Les yeux en le voyant saisiraient mieux la chose[2] ;
Mais il est des objets que l'art judicieux
Doit offrir à l'oreille et reculer des yeux.
Que le trouble, toujours croissant de scène en scène,
A son comble arrivé, se débrouille sans peine.
L'esprit ne se sent point plus vivement frappé,
Que lorsqu'en un sujet d'intrigue enveloppé,
D'un secret tout à coup la vérité connue
Change tout, donne à tout une face imprévue[3].
La tragédie, informe et grossière en naissant,
N'était qu'un simple chœur où chacun, en dansant
Et du dieu des raisins entonnant les louanges,
S'efforçait d'attirer de fertiles vendanges.
Là, le vin et la joie éveillant les esprits,
Du plus habile chantre un bouc était le prix[4].
Thespis[5] fut le premier qui, barbouillé de lie,
Promena par les bourgs cette heureuse folie,
Et, d'acteurs mal ornés chargeant un tombereau,
Amusa les passants d'un spectacle nouveau.
Eschyle[6] dans le chœur jeta les personnages,

1. Ficta voluptatis causa sint proxima veris;
Nec, quodcunque volet, poscat sibi fabula credi. (Hor., Art poét., 338.)

On peut voir aussi la *Poétique* d'Aristote, chap. XIV.

2. Segnius irritant animos demissa per aurem,
Quam quæ sunt oculis subjecta fidelibus, etc. (Hor., Art poét., 180.)

En le voyant, c'est-à-dire en voyant ce qu'on ne doit point voir.

3. C'est ce qu'on appelle la *péripétie*.

4. Carmine qui tragico vilem certavit ob hircum. (Hor., Art poét., 220.)
Ignotum tragicæ genus invenisse camœnæ
Dicitur, et plaustris vexisse poemata Thespis,
Quæ canerent agerentque peruncti fæcibus ora. (Hor., Art poét., 275.)

5. Thespis d'Icarie, en Attique, vivait dans le sixième siècle avant Jésus-Christ.

6. Post hunc, personæ pallæque repertor honestæ
Æschylus, et modicis instravit pulpita tignis. (Hor., Art poét., 278.)

D'un masque plus honnête habilla les visages[1],
Sur les ais d'un théâtre en public exhaussé
Fit paraître l'acteur d'un brodequin[2] chaussé.
Sophocle enfin, donnant l'essor à son génie,
Accrut encor la pompe, augmenta l'harmonie,
Intéressa le chœur dans toute l'action,
Des vers trop raboteux polit l'expression,
Lui donna chez les Grecs cette hauteur divine
Où jamais n'atteignit la faiblesse latine.
Chez nos dévots aïeux le théâtre abhorré
Fut longtemps dans la France un plaisir ignoré.
De pèlerins, dit-on, une troupe grossière
En public à Paris y monta la première,
Et, sottement zélée en sa simplicité,
Joua les saints, la Vierge et Dieu par piété.
Le savoir, à la fin, dissipant l'ignorance,
Fit voir de ce projet la dévote imprudence.
On chassa ces docteurs prêchants[3] sans mission,
On vit renaître Hector, Andromaque, Ilion.
Seulement, les acteurs laissant le masque antique,
Le violon tint lieu de chœur et de musique.
Bientôt l'amour, fertile en tendres sentiments,
S'empara du théâtre, ainsi que des romans.
De cette passion la sensible peinture
Est pour aller au cœur la route la plus sûre.
Peignez donc, j'y consens, les héros amoureux;
Mais ne m'en formez pas des bergers doucereux;
Qu'Achille aime autrement que Thyrsis et Philène.
N'allez pas d'un Cyrus nous faire un Artamène[4];

1. *Habilla les visages.* Expression d'une grande hardiesse.

2. *Brodequin.* Horace dit *cothurne*, et c'est plus juste, puisque le *brodequin* (*soccus*), chaussure simple et peu élevée, était affecté à la comédie, tandis que le *cothurne*, chaussure haute et magnifique, était le signe distinctif des acteurs qui jouaient la tragédie.

3. *Prêchants.* Du temps de Boileau tous les participes présents prenaient la marque du pluriel. Aujourd'hui, on écrirait *prêchant.*

4. *Artamène* ou *le Grand Cyrus*, roman de mademoiselle de Scudéry. Artamène est un nom supposé que le roman donne à Cyrus dans les voyages qu'on lui fait entreprendre. Le caractère de ce prince n'y est pas mieux conservé que son nom.

Et que l'amour, souvent de remords combattu,
Paraisse une faiblesse, et non une vertu.
Des héros de romans fuyez les petitesses :
Toutefois aux grands cœurs donnez quelques faiblesses.
Achille déplairait, moins bouillant et moins prompt[1].
J'aime à lui voir verser des pleurs pour un affront.
A ces petits défauts marqués dans sa peinture,
L'esprit avec plaisir reconnaît la nature.
Qu'il soit sur ce modèle en vos écrits tracé.
Qu'Agamemnon soit fier, superbe, intéressé :
Que pour ses dieux Enée ait un respect austère :
Conservez à chacun son propre caractère.
Des siècles, des pays, étudiez les mœurs ;
Les climats[2] font souvent les diverses humeurs.
Gardez donc de donner[3], ainsi que dans Clélie,
L'air ni l'esprit français à l'antique Italie,
Et, sous des noms romains faisant notre portrait,
Peindre Caton[4] galant et Brutus[5] dameret.
Dans un roman[6] frivole aisément tout s'excuse;

1. Honoratum si forte reponis Achillem,
Impiger, iracundus, inexorabilis, acer,
Jura neget sibi nata, nihil non arroget armis. (Hor., Art poét., 120.)

2. *Climat*, κλίμα (de κλίνω, je penche), s'est dit d'abord d'une partie du globe de la terre comprise entre deux cercles parallèles à l'équateur, puis pour région, pays, principalement eu égard à la température de l'air.

3. *Gardez donc de donner*... Premier hémistiche très-dur à cause des *d* trop multipliés.

4. *Caton*, surnommé le *Censeur*. Le discours qu'il fit pour maintenir la loi Oppia, contre la parure des femmes, prouve qu'il n'était rien moins que galant (Tite-Live, liv. 34, chap. 8).

5. *Junius Brutus*, qui chassa de Rome les Tarquins. Tous les historiens le dépeignent comme un homme qui avait « *les mœurs austères de notre nature, et non adoucies par la raison,* » suivant le langage d'Amyot. Il portait si loin sa farouche vertu, que ses enfants tombèrent les premiers sous la hache des lois, suivant la belle expression de Juvénal :

At illos verbera justis
Afficiunt pœnis, et legum prima securis. (Sat. VIII.)

6. *Roman*, récit d'événements imaginaires, fait en prose.

C'est assez qu'en courant la fiction amuse;
Trop de rigueur alors serait hors de saison :
Mais la scène demande une exacte raison;
L'étroite bienséance y veut être gardée.
D'un nouveau personnage inventez-vous l'idée[1] ?
Qu'en tout avec soi-même il se montre d'accord,
Et qu'il soit jusqu'au bout tel qu'on l'a vu d'abord.
Souvent, sans y penser, un écrivain qui s'aime
Forme tous ses héros semblables à soi-même.
Tout a l'humeur gasconne en un auteur gascon :
Calprenède et Juba[2] parlent du même ton.
La nature est en nous plus diverse et plus sage[3].
Chaque passion parle un différent langage :
La colère est superbe et veut des mots altiers;
L'abattement s'explique en des termes moins fiers[4].
Que devant Troie en flamme Hécube désolée
Ne vienne pas pousser une plainte ampoulée[5],
Ni sans raison décrire en quel affreux pays[6]
Par sept bouches l'Euxin reçoit le Tanaïs[7].
Tous ces pompeux amas d'expressions frivoles
Sont d'un déclamateur amoureux de paroles.
Il faut dans la douleur que vous vous abaissiez[8] :
Pour me tirer des pleurs, il faut que vous pleuriez[9].
Ces grands mots dont alors l'acteur emplit sa bouche[10]

1. Si quid inexpertum scenæ committis, et audes
Personam formare novam, servetur ad imum,
Qualis ab incœpto processerit, et sibi constet. (Hor., Art poét., 125.)

2. *Juba*, héros du roman de *Cléopâtre*, composé par La Calprenède, gentilhomme du Périgord.

3. Format enim natura prius nos intus ad omnem
Fortunarum habitum : juvat, aut impellit ad iram. (Hor., Art poét., 108.)

4. *Altiers* et *fiers* ne rimeraient plus à présent.

5. Lebrun fait observer qu'il y a bien des *p* dans ce vers, et que sans doute Boileau y a mis de l'intention pour l'harmonie imitative.

6. *Affreux pays*, celui des Sarmates.

7. Septena Tanaïn ora pandentem bibit. (Sen., Troas, act. 1.)

8. Et tragicus plerumque dolet sermone pedestri. (Hor., Art poét., 95.)

9. Si vis me flere, dolendum est
Primum ipsi tibi. (Hor., Art poét., 102.)

10. Projicit ampullas et sesquipedalia verba. (Hor., Art poét., 97.)

Ne partent point d'un cœur que sa misère touche.
  Le théâtre, fertile en censeurs pointilleux,
Chez nous pour se produire est un champ périlleux.
Un auteur n'y fait pas de faciles conquêtes;
Il trouve à le siffler des bouches toujours prêtes[1];
Chacun le peut traiter de fat et d'ignorant:
C'est un droit qu'à la porte on achète en entrant.
Il faut qu'en cent façons pour plaire il se replie:
Que tantôt il s'élève, et tantôt s'humilie;
Qu'en nobles sentiments il soit partout fécond;
Qu'il soit aisé, solide, agréable, profond;
Que de traits surprenants sans cesse il nous réveille;
Qu'il coure dans ses vers de merveille en merveille;
Et que tout ce qu'il dit, facile à retenir,
De son ouvrage en nous laisse un long souvenir.
Ainsi la tragédie agit, marche et s'explique[2].
  D'un air plus grand encor la poésie épique[3],
Dans le vaste récit d'une longue action,
Se soutient par la fable et vit de fiction.
Là, pour nous enchanter tout est mis en usage;
Tout prend un corps, un âme, un esprit, un visage;
Chaque vertu devient une divinité:
Minerve est la prudence, et Vénus la beauté.
Ce n'est plus la vapeur qui produit le tonnerre,
C'est Jupiter armé pour effrayer la terre.
Un orage terrible aux yeux des matelots,
C'est Neptune en courroux qui gourmande les flots.
Echo n'est plus un son qui dans l'air retentisse,
C'est une nymphe en pleurs qui se plaint de Narcisse.
Ainsi, dans cet amas de nobles fictions,
Le poëte s'égaye en mille inventions,
Orne, élève, embellit, agrandit toutes choses,

Remarquez le verbe *emplir*, que Boileau emploie de préférence à *remplir*: c'est l'idée frappante d'une plénitude absolue.

1. Male si mandata loqueris,
Aut dormitabo, aut ridebo. (Hor., Art poét., 104.)

2. *S'explique* est employé ici dans le sens du mot latin *se explicare*, se développer.

3. La *poésie épique*, ou l'épopée, ἐποποιΐα (de ἔπος, vers; ποιέω, je fais).

Et trouve sous sa main des fleurs toujours écloses.
Qu'Enée et ses vaisseaux, par le vent écartés,
Soient aux bords africains d'un orage emportés[1];
Ce n'est qu'une aventure ordinaire et commune,
Qu'un coup peu surprenant des traits de la fortune.
Mais que Junon, constante en son aversion,
Poursuive sur les flots les restes d'Ilion;
Qu'Eole, en sa faveur les chassant d'Italie,
Ouvre aux vents mutinés les prisons d'Eolie;
Que Neptune en courroux, s'élevant sur la mer,
D'un mot[2] calme les flots, mette la paix dans l'air,
Délivre les vaisseaux, des Syrtes[3] les arrache :
C'est là ce qui surprend, frappe, saisit, attache[4].
Sans tous ces ornements le vers tombe en langueur;
La poésie est morte, ou rampe sans vigueur;
Le poëte n'est plus qu'un orateur timide,
Qu'un faible historien d'une fable insipide.
  C'est donc bien vainement que nos auteurs déçus[5],
Bannissant de leurs vers ces ornements reçus,
Pensent faire agir Dieu, ses saints et ses prophètes,
Comme ces dieux éclos du cerveau des poëtes,
Mettent à chaque pas le lecteur en enfer,
N'offrent rien qu'Astaroth, Belzébuth, Lucifer[6].
De la foi d'un chrétien les mystères terribles

1. On ne dirait plus emportés *d'un*, mais *par un orage*.

2. C'est le fameux *quos ego*. On peut voir Virgile, *Énéide*, liv. I.

3. *Syrtes*. Les anciens avaient appelé ainsi les deux golfes que forme la Méditerranée sur la côte septentrionale de l'Afrique, entre l'Afrique propre et le cap Herméum. La Grande-Syrte est aujourd'hui le *golfe de Sidre;* la Petite-Syrte, le *golfe de Gabès*.

4. Ces quatre verbes forment ici la figure de rhétorique appelée *gradation*.

5. Ce qui suit regarde Desmarets de Saint-Sorlin, auteur du poëme de *Clovis*, dans lequel il fait produire tout le merveilleux par l'intervention des démons, des anges et de Dieu même, au lieu d'y employer le ministère des divinités fabuleuses ou allégoriques, d'après le système des anciens.

6. *Astaroth* ou *Astarté*, divinité phénicienne. — *Belzébuth*, divinité des Accaronites; la Bible appelle Belzébuth, *le prince des*

D'ornements égayés ne sont point susceptibles.
L'Evangile à l'esprit n'offre de tous côtés
Que pénitence à faire et tourments mérités;
Et de vos fictions le mélange coupable
Même à ses vérités donne l'air de la fable.
  Et quel objet enfin à présenter aux yeux,
Que le diable toujours hurlant contre les cieux,
Qui de votre héros veut rabaisser la gloire,
Et souvent avec Dieu balance la victoire?
Le Tasse, dira-t-on, l'a fait avec succès [1].
Je ne veux point ici lui faire son procès:
Mais, quoi que notre siècle à sa gloire publie,
Il n'eût point de son livre [2] illustré l'Italie,
Si son sage héros [3], toujours en oraison,
N'eût fait que mettre enfin Satan [4] à la raison,
Et si Renaud, Argant, Tancrède et sa maîtresse [5]
N'eussent de son sujet égayé la tristesse [6].
  Ce n'est pas que j'approuve, en un sujet chrétien,
Un auteur follement idolâtre et païen [7]:
Mais, dans une profane et riante peinture,
De n'oser de la Fable employer la figure,
De chasser les Tritons de l'empire des eaux,
D'ôter à Pan sa flûte, aux Parques leurs ciseaux,
D'empêcher que Caron, dans la fatale barque,
Ainsi que le berger ne passe le monarque:
C'est d'un scrupule vain s'alarmer sottement,

démons. — *Lucifer,* nom du premier ange rebelle qui fut précipité du ciel aux enfers.

1. Dans son poëme de la *Jérusalem délivrée.*

2. On dirait plutôt aujourd'hui *par son livre* que *de son livre.*

3. *Son sage héros,* Godefroy de Bouillon. *Si son sa :* ces trois sifflantes nuisent à l'euphonie.

4. *Satan,* nom du prince des démons : en hébreu ce mot signifie *adversaire, ennemi.*

5. *Renaud, Argant, Tancrède,* héros de la *Jérusalem délivrée.* — *Sa maîtresse,* Herminie.

6. Ce mot doit être entendu ici dans le sens de *sévérité.*

7. *L'Arioste;* il en sera parlé plus loin, v. 291. *Idolâtre,* εἰδωλολάτρης, adorateur des idoles (εἴδωλον, image, idole; λάτρης, adorateur).

Et vouloir aux lecteurs plaire sans agrément.
Bientôt ils défendront de peindre la Prudence,
De donner à Thémis ni bandeau ni balance;
De figurer aux yeux la Guerre au front d'airain,
Ou le Temps qui s'enfuit une horloge à la main;
Et partout des discours, comme une idolâtrie,
Dans leur faux zèle iront chasser l'allégorie[1].
Laissons-les s'applaudir de leur pieuse erreur:
Mais, pour nous, bannissons une vaine terreur;
Et, fabuleux chrétiens, n'allons point dans nos songes
Du Dieu de vérité faire un Dieu de mensonges.
La Fable offre à l'esprit mille agréments divers.
Là, tous les noms heureux semblent nés pour les vers:
Ulysse, Agamemnon, Oreste, Idoménée,
Hélène, Ménélas, Pâris, Hector, Enée.
Oh! le plaisant projet d'un poëte ignorant,
Qui de tant de héros va choisir Childebrand[2]!
D'un seul nom quelquefois le son dur ou bizarre
Rend un poëme entier ou burlesque ou barbare.
Voulez-vous longtemps plaire et ne jamais lasser?
Faites choix d'un héros propre à m'intéresser,
En valeur éclatant, en vertus magnifique;
Qu'en lui, jusqu'aux défauts, tout se montre héroïque:
Que ses faits surprenants soient dignes d'être ouïs;
Qu'il soit tel que César, Alexandre ou Louis;
Non tel que Polynice et son perfide frère[3]:
On s'ennuie aux exploits d'un conquérant vulgaire.

1. *Allégorie,* ἀλληγορία (ἄλλος, autre, ἀγορεύω, je dis), manière d'exprimer des choses par des paroles qui expriment d'autres choses; série de métaphores qui offrent ainsi le sens propre et le sens figuré.

2. *Childebrand* est le héros d'un poëme intitulé *les Sarrasins chassés de France,* composé par Jacques Carel, sieur de Sainte-Garde, conseiller et aumônier de Louis XIV.

3. Boileau indique ici *la Thébaïde*, dont le sujet est la haine funeste d'Étéocle et de Polynice, frères ennemis, auteurs de la guerre de Thèbes. Il faut que l'action du poëme soit heureuse, pour laisser l'esprit du lecteur satisfait, et qu'elle soit louable, pour être un exemple public de vertu.

N'offrez pas un sujet d'incidents trop chargé.
Le seul courroux d'Achille, avec art ménagé,
Remplit abondamment une Iliade entière.
Souvent trop d'abondance appauvrit la matière.
Soyez vif et pressé dans vos narrations[1] :
Soyez riche et pompeux dans vos descriptions[2].
C'est là qu'il faut des vers étaler l'élégance :
N'y présentez jamais de basse circonstance.
N'imitez pas ce fou[3] qui, décrivant les mers,
Et peignant, au milieu de leurs flots entr'ouverts,
L'Hébreu sauvé du joug de ses injustes maîtres,
Met, pour le voir passer, les poissons aux fenêtres,
Peint le petit enfant qui va, saute, revient,
Et joyeux à sa mère offre un caillou qu'il tient.
Sur de trop vains objets c'est arrêter la vue.
Donnez à votre ouvrage une juste étendue.
Que le début soit simple et n'ait rien d'affecté[4].
N'allez pas, dès l'abord, sur Pégase monté,
Crier à vos lecteurs, d'une voix de tonnerre :
Je chante le vainqueur des vainqueurs de la terre[5].
Que produira l'auteur après tous ces grands cris ?
La montagne en travail enfante une souris[6].

1. La *narration* est un exposé de faits : elle varie selon le style des sujets qu'on traite.

2. La *description* décrit, dépeint : elle est souvent un exposé de choses.

3. *Saint-Amand*, décrivant le passage de la mer Rouge, dans la cinquième partie de son *Moïse sauvé*.

4. Nec sic incipies, ut scriptor cyclicus olim :
« Fortunam Priami cantabo et nobile bellum. » (Hor., Art poét., v. 136.)

Le *début* d'un poëme est comme l'*exorde* d'un discours. Il doit être simple et modeste, pour se concilier l'esprit et l'attention du lecteur.

5. Ce vers est le premier vers d'*Alaric* ou *Rome vaincue*, par Scudéry.

6. Mons parturibat, gemitus immanes ciens ;
At ille murem peperit. (Phèdre.)
Quid dignum tanto feret hic promissor hiatu ?
Parturient montes ; nascetur ridiculus mus. (Hor., Art poét., 138.)
Qu'en sort-il souvent ?
Du vent. (La Fontaine.)

Oh! que j'aime bien mieux cet auteur plein d'adresse
Qui, sans faire d'abord de si haute promesse,
Me dit d'un ton aisé, doux, simple, harmonieux :
Je chante les combats, et cet homme pieux[1]
Qui, des bords phrygiens conduit dans l'Ausonie,
Le premier aborda les champs de Lavinie!
Sa muse en arrivant ne met pas tout en feu,
Et, pour donner beaucoup, ne nous promet que peu.
Bientôt vous la verrez, prodiguant les miracles[2],
Du destin des Latins prononcer les oracles;
De Styx et d'Achéron[3] peindre les noirs torrents,
Et déjà les Césars dans l'Elysée[4] errants.
  De figures sans nombre égayez votre ouvrage :
Que tout y fasse aux yeux une riante image.
On peut être à la fois et pompeux et plaisant;
Et je hais un sublime ennuyeux et pesant.
J'aime mieux Arioste[5] et ses fables comiques
Que ces auteurs, toujours froids et mélancoliques,
Qui dans leur sombre humeur se croiraient faire affront[6],
Si les Grâces jamais leur déridaient le front.
  On dirait que pour plaire, instruit par la nature,

Il y a ici *ellipse* de : *il ressemblera à la montagne de la fable.* La même ellipse se trouve dans les vers d'Horace cités ici.

1. Arma virumque cano, Trojæ qui primus ab oris
Italiam, fato profugus, Lavinaque venit
Littora. (Virg., Én. I.)

2. Par *miracles,* il faut entendre seulement les *créations poétiques.*

3. *Styx, Achéron,* fleuves des enfers : le premier de στύξ, horreur, de στυγεῖν, haïr; le deuxième de 'Αχέρων, formé de ἄχος, peine, et ῥόος, ῥοῦς, cours d'eau.

4. *Élysée,* 'Ηλύσιον, de ἦ, certes, et λύσις, délivrance, expiation, parce que c'était le lieu où se rendaient les âmes purifiées de leurs souillures terrestres.

5. Poëte italien, auteur de *Roland furieux,* ouvrage rempli de fictions ingénieuses, mais dénuées de vraisemblance. L'imagination de l'Arioste est riche et belle, mais sans frein et déréglée. Souvent il mêle dans ses vers le sacré et le profane.

6. Les *r* multipliés font ici onomatopée.

Homère ait à Vénus dérobé sa ceinture[1].
Son livre est d'agréments un fertile trésor :
Tout ce qu'il a touché se convertit en or[2] ;
Tout reçoit dans ses mains une nouvelle grâce ;
Partout il divertit, et jamais il ne lasse.
Une heureuse chaleur anime ses discours.
Il ne s'égare point en de trop longs détours ;
Sans garder dans ses vers un ordre méthodique,
Son sujet de soi-même et s'arrange et s'explique :
Tout, sans faire d'apprêts, s'y prépare aisément.
Chaque vers, chaque mot court à l'événement[3].
Aimez donc ses écrits, mais d'un amour sincère :
C'est avoir profité que de savoir s'y plaire[4].
Un poëme excellent, où tout marche et se suit,
N'est pas de ces travaux qu'un caprice produit :
Il veut du temps, des soins ; et ce pénible ouvrage
Jamais d'un écolier ne fut l'apprentissage.
Mais souvent parmi nous un poëte sans art,
Qu'un beau feu quelquefois échauffa par hasard,
Enflant d'un vain orgueil son esprit chimérique,
Fièrement prend en main la trompette héroïque.
Sa muse déréglée, en ses vers vagabonds,
Ne s'élève jamais que par sauts et par bonds ;
Et son feu, dépourvu de sens et de lecture,
S'éteint, à chaque pas, faute de nourriture[5].
Mais en vain le public, prompt à le mépriser,

1. Homère (chant 14 de l'*Iliade*) feint que Junon, craignant que Jupiter ne favorise les Troyens, forme le dessein de l'en empêcher. Pour y réussir, elle met en œuvre toutes les ressources de la parure, et prie Vénus de lui prêter son ceste, c'est-à-dire sa merveilleuse ceinture.

2. quidquid
Corpore contigero, fulvum vertatur in aurum. (Ovide, Métam., liv. XI.)

3. Semper ad eventum festinat. (Hor., Art poét., 148.)

4. Quintilien avait dit la même chose de Cicéron : *Ille se multum profecisse sciat, cui Cicero valde placebit.* (Inst. orat.)

5. La métaphore que renferment ces deux vers a été critiquée par Condillac et justifiée par Népomucène Lemercier.

De son mérite faux le veut désabuser :
Lui-même, applaudissant à son maigre génie,
Se donne par ses mains l'encens qu'on lui dénie.
Virgile, au prix de lui, n'a point d'invention ;
Homère n'entend point la noble fiction.
Si contre cet arrêt le siècle se rebelle[1],
A la postérité d'abord il en appelle.
Mais, attendant qu'ici le bon sens[2] de retour
Ramène triomphants ses ouvrages au jour,
Leurs tas, au magasin, cachés à la lumière,
Combattent tristement les vers et la poussière.
Laissons-les donc entre eux s'escrimer en repos ;
Et, sans nous égarer, suivons notre propos[3].
Des succès fortunés du spectacle tragique
Dans Athènes naquit la comédie antique[4].
Là le Grec, né moqueur, par mille jeux plaisants
Distilla le venin de ses traits méprisants.
Aux accès insolents d'une bouffonne joie
La sagesse, l'esprit, l'honneur, furent en proie.
On vit par le public un poëte avoué
S'enrichir aux dépens du mérite joué,
Et Socrate par lui, dans un chœur de *Nuées*[5],
D'un vil amas de peuple attirer les huées.
Enfin, de la licence on arrêta le cours :
Le magistrat, des lois emprunta le secours,
Et, rendant par édit les poëtes plus sages,
Défendit de marquer les noms et les visages.
Le théâtre perdit son antique fureur :
La comédie apprit à rire sans aigreur,
Sans fiel et sans venin sut instruire et reprendre,

1. L'expression *se rebelle,* inusitée aujourd'hui, mais bonne, a été aussi employée par Corneille et par Voltaire. — *Le siècle*, par métonymie, pour *les contemporains.*

2. Le *bon sens* est mis ici par ironie, figure de rhétorique.

3. *Propos* (*propositum*), le sujet qu'on s'est proposé de traiter. Cette expression n'est peut-être pas ici assez poétique.

4. Successit vetus his comœdia, non sine multa
Laude ; sed in vitium libertas excidit. (Hor., Art poét., 281.)

5. Les *Nuées,* comédie d'Aristophane (acte I, sc. 2 et 3).

Et plut innocemment dans les vers de Ménandre[1].
Chacun, peint avec art dans ce nouveau miroir[2],
S'y vit avec plaisir, ou crut ne s'y point voir.
L'avare des premiers rit du tableau fidèle
D'un avare souvent tracé sur son modèle;
Et mille fois un fat finement exprimé
Méconnut le portrait sur lui-même formé.
Que la nature[3] donc soit votre étude unique,
Auteurs qui prétendez aux honneurs du comique.
Quiconque voit bien l'homme, et, d'un esprit profond,
De tant de cœurs cachés a pénétré le fond;
Qui sait bien ce que c'est qu'un prodigue, un avare,
Un honnête homme, un fat, un jaloux, un bizarre,
Sur une scène heureuse il peut[4] les étaler,
Et les faire à nos yeux vivre, agir et parler.
Présentez-en partout les images naïves :
Que chacun y soit peint des couleurs les plus vives.
La nature, féconde en bizarres portraits,

1. *Comédie*, κωμῳδία, de κώμη, bourg, et ᾄδω, je chante. — La comédie a eu trois âges ou trois états différents chez les Grecs. Dans l'*ancienne* comédie, on se donnait la liberté, non-seulement de représenter des aventures véritables et connues, mais de nommer publiquement les personnes. Socrate lui-même s'est entendu nommer et s'est vu jouer sur le théâtre d'Athènes. Cette licence fut réprimée par l'autorité des magistrats; et les comédiens, n'osant plus désigner les personnes par leur nom, firent paraître des masques ressemblants à ceux qu'ils mettaient en scène, ou les désignèrent de quelque autre manière semblable. Ce fut la comédie *moyenne*. Ce nouvel abus, presque aussi grand que le premier, fut encore réprimé. On ne marqua plus les noms ni les visages, et la comédie fut réduite aux règles de la bienséance. C'est la comédie *nouvelle*, dont Ménandre fut le promoteur, au temps d'Alexandre le Grand.

2. La métaphore de *miroir* est très-heureusement employée ici.

3. Boileau veut dire *le cœur humain, la nature morale de l'homme.*

4. *Il peut les étaler. Il* est de trop. Ce tour a vieilli et est devenu incorrect, quoiqu'il y en ait bien des exemples dans Corneille, Racine, Voltaire, Massillon et autres auteurs.

Dans chaque âme est marquée à de différents traits.
Un geste la découvre, un rien la fait paraître;
Mais tout esprit n'a pas des yeux pour la connaître.
  Le temps, qui change tout, change aussi nos humeurs :
Chaque âge a ses plaisirs, son esprit et ses mœurs.
  Un jeune homme, toujours bouillant dans ses caprices[1],
Est prompt à recevoir l'impression des vices;
Est vain dans ses discours, volage en ses désirs,
Rétif à la censure, et fou dans les plaisirs.
  L'âge viril, plus mûr, inspire un air plus sage[2],
Se pousse auprès des grands, s'intrigue, se ménage,
Contre les coups du sort songe à se maintenir,
Et loin dans le présent regarde l'avenir.
  La vieillesse chagrine incessamment amasse[3],
Garde, non pas pour soi, les trésors qu'elle entasse;
Marche en tous ses desseins d'un pas lent et glacé,
Toujours plaint le présent et vante le passé;
Inhabile aux plaisirs dont la jeunesse abuse,
Blâme en eux[4] les douceurs que l'âge lui refuse.
  Ne faites point parler vos acteurs au hasard,
Un vieillard en jeune homme, un jeune homme en vieil-
  Etudiez la cour, et connaissez la ville : [lard[5].
L'une et l'autre est toujours en modèles fertile.
C'est par là que Molière, illustrant ses écrits,
Peut-être de son art eût remporté le prix,
Si, moins ami du peuple, en ses doctes peintures

1. Imberbis juvenis, tandem custode remoto,
Gaudet equis canibusque, et aprici gramine campi. (Hor., Art poét., 161.)

2. Conversis studiis, ætas animusque virilis
Quærit opes et amicitias, inservit honori;
Commisisse cavet quod mox mutare laboret. (Hor., Art poét., 166.)

3. Multa senem circumveniunt incommoda : vel quod
Quærit, et inventis miser abstinet ac timet uti :
Vel quod res omnes timide gelideque ministrat. (Hor., Art poét., 169.)

4. *En eux*, est mis par syllepse, figure qui fait accorder le mot avec l'idée plutôt qu'avec le mot auquel il se rapporte grammaticalement. Ici c'est le mot *jeunesse*, qui comprend l'idée de *jeunes gens*.

5. Ne forte seniles
Mandentur juveni partes, pueroque viriles :
Semper in adjunctis ævoque morabimur aptis. (Hor., Art poét., 176.)

Il n'eût point fait souvent grimacer ses figures,
Quitté, pour le bouffon, l'agréable et le fin,
Et sans honte à Térence allié Tabarin.
Dans ce sac ridicule où Scapin l'enveloppe,
Je ne reconnais plus l'auteur du *Misanthrope*.
  Le comique, ennemi des soupirs et des pleurs,
N'admet point en ses vers de tragiques douleurs[1] :
Mais son emploi n'est pas d'aller dans une place
De mots sales et bas charmer la populace.
Il faut que ses acteurs badinent noblement :
Que son nœud, bien formé, se dénoue aisément ;
Que l'action, marchant où la raison la guide,
Ne se perde jamais dans une scène vide ;
Que son style, humble et doux, se relève à propos ;
Que ses discours, partout fertiles en bons mots,
Soient pleins de passions finement maniées,
Et les scènes toujours l'une à l'autre liées.
Aux dépens du bon sens gardez de plaisanter :
Jamais de la nature il ne faut s'écarter.
Contemplez de quel air un père dans Térence[2]
Vient d'un fils amoureux gourmander l'imprudence ;
De quel air cet amant écoute ses leçons,
Et court chez sa maîtresse oublier ces chansons[3].
Ce n'est pas un portrait, une image semblable ;
C'est un amant, un fils, un père véritable.
  J'aime sur le théâtre un agréable auteur,
Qui, sans se diffamer aux yeux du spectateur,
Plaît par la raison seule et jamais ne la choque.
Mais pour un faux plaisant, à grossière équivoque[4],

1. Versibus exponi tragicis res comica non vult. (Hor., Art poét., 89.)

2. En plusieurs endroits de ses comédies, particulièrement dans l'*Heautontimoroumênos*, acte I, scène 1, et acte V, scène 4. On peut voir Simon dans l'*Andrienne*, et Démée, dans les *Adelphes*.

3. Métaphore qui fait voir le cas que le fils peu respectueux fait des *remontrances* de son père.

4. Ces mots désignaient Poisson, ou le comédien Montfleury, auteur de *la Femme juge et partie*, pièce que M. Onésime Leroy a, de nos jours, réduite de cinq à trois actes.

Qui, pour me divertir, n'a que la saleté,
Qu'il s'en aille, s'il veut, sur des tréteaux monté,
Amusant le Pont-Neuf[1] de ses sornettes fades,
Aux laquais assemblés jouer ses mascarades[2].

CHANT IV[3].

Dans Florence[4] jadis vivait un médecin,
Savant hâbleur, dit-on, et célèbre assassin.
Lui seul y fit longtemps la publique misère :
Là, le fils orphelin lui redemande un père;
Ici, le frère pleure un frère empoisonné :
L'un meurt vide de sang, l'autre plein de séné[5];
Le rhume à son aspect se change en pleurésie,
Et par lui la migraine est bientôt frénésie.
Il quitte enfin la ville, en tous lieux détesté.
De tous ses amis morts un seul ami resté
Le mène en sa maison de superbe structure.
C'était un riche abbé, fou de l'architecture.
Le médecin d'abord semble né pour cet art,
Déjà de bâtiments parle comme Mansart[6] :

1. Métonymie : pour *ceux qui passent sur le Pont-Neuf.*

2. Ses farces grotesques comme les scènes de carnaval.

3. Dans le quatrième chant, Boileau revient aux principes généraux. Il s'attache à former les poëtes et leur donne d'utiles instructions sur la connaissance et l'usage des divers talents; sur le choix qu'ils doivent faire d'un censeur éclairé, sur leurs mœurs, sur leur conduite privée. Il fait ensuite l'histoire de la poésie; il explique son origine, ses progrès, sa perfection et sa décadence. Pour terminer son poëme, il célèbre la gloire de Louis XIV, et invite les jeunes athlètes à une lutte poétique, où il veut animer leurs efforts du geste et de la voix.

4. *Florence*, en italien *Firenze* (*la bella*, la belle), capitale du grand-duché de Toscane, sur les deux rives de l'Arno, en Italie.

5. *Séné*, arbrisseau du Levant, dont les feuilles sont purgatives.

6. *François Mansart*, célèbre architecte surintendant des bâtiments de Louis XIV, mourut en 1666.

D'un salon qu'on élève il condamne la face,
Au vestibule obscur il marque une autre place,
Approuve l'escalier tourné d'autre façon[1].
Son ami le conçoit[2], et mande son maçon.
Le maçon vient, écoute, approuve et se corrige.
Enfin, pour abréger un si plaisant prodige,
Notre assassin renonce à son art inhumain,
Et désormais, la règle et l'équerre à la main,
Laissant de Galien la science suspecte[3],
De méchant médecin devient bon architecte.
Son exemple est pour nous un précepte excellent.
Soyez plutôt maçon, si c'est votre talent,
Ouvrier estimé dans un art nécessaire,
Qu'écrivain du commun, ou poëte vulgaire.
Il est dans tout autre art des degrés différents;
On peut avec honneur remplir les seconds rangs.
Mais dans l'art dangereux de rimer et d'écrire,
Il n'est point de degrés du médiocre au pire :
Qui dit froid écrivain dit détestable auteur.
Boyer[4] est à Pinchêne égal pour le lecteur.
On ne lit guère plus Rampale et Ménardière[5]
Que Magnon, Du Souhait, Corbin et La Morlière[6].
Un fou du moins fait rire, et peut nous égayer;

1. L'ellipse que renferme ce vers est très-heureuse, quoique Brossette l'ait trouvée un peu forte. « Il approuve que l'escalier soit construit en cet endroit; mais, n'approuvant pas la façon dont il est tourné, il en indique une nouvelle. » Telles sont les idées diffuses que Boileau renferme en un vers concis.

2. *Le* n'est point ici pour *le médecin*, mais pour *ce que dit le médecin.*

3. Périphrase pour dire : *la médecine.*—*Galien*, médecin grec, né à Pergame (Asie-Mineure) vers l'an 131, mort à Aquilée vers l'an 200 de l'ère chrétienne, auteur d'un grand nombre d'ouvrages estimés.

4. *Claude Boyer*, de l'Académie française, auteur médiocre, ainsi que *Pinchêne.*

5. *Rampale*, poëte qui vivait sous le règne de Louis XIII.—*Jules de la Ménardière*, autre poëte médiocre, était de l'Académie française.

6. Mauvais poëtes

Mais un froid écrivain ne sait rien qu'ennuyer.
J'aime mieux Bergerac[1] et sa burlesque audace
Que ces vers où Motin[2] se morfond et nous glace.
Ne vous enivrez point des éloges flatteurs
Qu'un amas quelquefois de vains admirateurs
Vous donne en ces réduits[3], prompts à crier merveille.
Tel écrit récité se soutient à l'oreille,
Qui, dans l'impression au grand jour se montrant,
Ne soutient pas des yeux le regard pénétrant.
On sait de cent auteurs l'aventure tragique;
Et Gombaut[4] tant loué garde encor la boutique.
Ecoutez tout le monde, assidu consultant;
Un fat quelquefois ouvre un avis important.
Quelques vers toutefois qu'Apollon vous inspire,
En tous lieux aussitôt ne courez pas les lire.
Gardez-vous d'imiter ce rimeur furieux[5]
Qui, de ses vains écrits lecteur harmonieux,
Aborde en récitant quiconque le salue
Et poursuit de ses vers les passants dans la rue[6].
Il n'est temple si saint, des anges respecté,
Qui soit contre sa muse un lieu de sûreté.
Je vous l'ai déjà dit, aimez qu'on vous censure,
Et, souple à la raison, corrigez sans murmure.

1. *Cyrano de Bergerac*, auteur du *Voyage dans la lune*, et de quelques ouvrages auxquels l'imagination paraît avoir plus de part que le jugement.

2. *Pierre Motin*, natif de Bourges, a laissé quelques poésies qui sont imprimées dans des recueils, avec celles de Malherbe, de Racan et autres poëtes de son temps.

3. *Réduits*, métonymie du contenant pour *les personnes rassemblées dans ces réduits*. Le mot *réduit* signifiait alors lieu de réunion pour *converser, jouer, se divertir*. (Académie, Dict. 1694.)

4. *Jean Ogier de Gombaut*, de l'Académie française. *Gombaut*, métonymie pour *les œuvres de Gombaut*.

5. *Charles Du Perrier*, né à Aix, mort en 1692, plus connu par ses vers latins que par ses vers français.

6. Indoctum doctumque fugat recitator acerbus. (Hor., Art poét., 474.)

Mais ne vous rendez pas dès qu'un sot vous reprend :
Souvent dans son orgueil un subtil ignorant
Par d'injustes dégoûts combat toute une pièce,
Blâme des plus beaux vers la noble hardiesse.
On a beau réfuter ses vains raisonnements :
Son esprit se complaît dans ses faux jugements ;
Et sa faible raison, de clarté dépourvue,
Pense que rien n'échappe à sa débile vue.
Ses conseils sont à craindre ; et, si vous les croyez,
Pensant fuir un écueil, souvent vous vous noyez.
   Faites choix d'un censeur solide et salutaire[1],
Que la raison conduise et le savoir éclaire,
Et dont le crayon sûr d'abord aille chercher
L'endroit que l'on sent faible et qu'on se veut cacher.
Lui seul éclairera vos doutes ridicules,
De votre esprit tremblant lèvera les scrupules.
C'est lui qui vous dira par quel transport heureux
Quelquefois dans sa course un esprit vigoureux,
Trop resserré par l'art, sort des règles prescrites,
Et de l'art même apprend à franchir leurs limites.
Mais ce parfait censeur se trouve rarement.
Tel excelle à rimer, qui juge sottement :
Tel s'est fait par ses vers distinguer dans la ville,
Qui jamais de Lucain n'a distingué Virgile[2].
   Auteurs, prêtez l'oreille à mes instructions.
Voulez-vous faire aimer vos riches fictions ?
Qu'en savantes leçons votre muse fertile
Partout joigne au plaisant le solide et l'utile.
Un lecteur sage fuit un vain amusement,
Et veut mettre à profit son divertissement.

1. Caractère de Patru, le plus habile et le plus savant critique de son siècle. Il avait la réputation d'être si rigide, que, lorsque Racine faisait à Boileau quelque observation un peu trop subtile sur des passages de ses ouvrages, Boileau, au lieu de lui dire le proverbe : *Ne sis patruus mihi* (n'ayez point pour moi la sévérité d'un oncle), lui disait : *Ne sis Patru mihi* (n'ayez point pour moi la sévérité de Patru).

2. On veut que ce soit le grand Corneille.

Que votre âme et vos mœurs, peintes dans vos ouvrages[1],
N'offrent jamais de vous que de nobles images.
Je ne puis estimer ces dangereux auteurs
Qui, de l'honneur en vers infâmes déserteurs,
Trahissant la vertu sur un papier coupable,
Aux yeux de leurs lecteurs rendent le vice aimable.
Je ne suis pas pourtant de ces tristes esprits
Qui, bannissant l'amour de tous chastes écrits,
D'un si riche ornement veulent priver la scène,
Traitent d'empoisonneurs et Rodrigue et Chimène.
L'amour le moins honnête, exprimé chastement,
N'excite point en nous de honteux mouvement.
Didon[2] a beau gémir et m'étaler ses charmes:
Je condamne sa faute en partageant ses larmes.
Un auteur vertueux, dans ses vers innocents,
Ne corrompt point le cœur en chatouillant les sens:
Son feu n'allume point de criminelle flamme.
Aimez donc la vertu, nourrissez-en votre âme.
En vain l'esprit est plein d'une noble vigueur;
Le vers se sent toujours des bassesses du cœur.
Fuyez surtout, fuyez ces basses jalousies,
Des vulgaires esprits malignes frénésies[3];
Un sublime écrivain n'en peut être infecté;

1. Dans toutes les éditions, Boileau avait mis : *Peints dans tous vos ouvrages*, quoique ce mot *peints*, qui est participe masculin, se rapportât à *âme* et à *mœurs*, qui sont deux substantifs féminins. M. Gibert, professeur de rhétorique au collége des Quatre-Nations, est le premier qui ait fait apercevoir cette faute à l'auteur. Il en convint sur-le-champ, et s'étonna fort qu'elle eût échappé si longtemps à la critique de ses amis et surtout à celle de ses ennemis. Elle était restée vingt-sept ans (de 1674 à 1701) dans le vers de Boileau, avant d'avoir été remarquée par personne.

2. *Didon*, princesse de Tyr, dont le nom signifie *femme forte* en langue carthaginoise. Elle fonda Carthage vers l'an 880 avant Jésus-Christ. Par un anachronisme de plus de trois cents ans, Virgile la fait vivre du temps d'Énée, pour motiver le principe de la haine entre Carthage et Rome.

3. *Frénésie* est pris ici métaphoriquement; au vers 8 de ce même chant, *frénésie* est employé dans le sens propre.

C'est un vice qui suit la médiocrité.
Du mérite éclatant cette sombre rivale
Contre lui chez les grands incessamment cabale,
Et, sur les pieds en vain tâchant de se hausser,
Pour s'égaler à lui cherche à le rabaisser.
Ne descendons jamais dans ces lâches intrigues :
N'allons point à l'honneur par de honteuses brigues.
  Que les vers ne soient pas votre éternel emploi[1].
Cultivez vos amis, soyez homme de foi :
C'est peu d'être agréable et charmant dans un livre;
Il faut savoir encore et converser et vivre.
  Travaillez pour la gloire, et qu'un sordide gain
Ne soit jamais l'objet d'un illustre écrivain.
Je sais qu'un noble esprit peut sans honte et sans crime
Tirer de son travail un tribut légitime :
Mais je ne puis souffrir ces auteurs renommés
Qui, dégoûtés de gloire et d'argent affamés,
Mettent leur Apollon aux gages d'un libraire,
Et font d'un art divin un métier mercenaire.
  Avant que la raison, s'expliquant par la voix,
Eût instruit les humains, eût enseigné les lois,
Tous les hommes suivaient la grossière nature,
Dispersés dans les bois couraient à la pâture.
La force tenait lieu de droit et d'équité;
Le meurtre s'exerçait avec impunité.
Mais du discours enfin l'harmonieuse adresse
De ces sauvages mœurs adoucit la rudesse,
Rassembla les humains dans les forêts épars,
Enferma les cités de murs et de remparts,
De l'aspect du supplice effraya l'insolence,
Et sous l'appui des lois mit la faible innocence.
Cet ordre fut, dit-on, le fruit des premiers vers.
De là sont nés ces bruits reçus dans l'univers,
Qu'aux accents dont Orphée emplit les monts de Thrace[2]

1. Les vers étaient le mérite (bien grand sans doute!) du bon La Fontaine; mais ce talent si rare n'est pas toujours celui qui fournit le plus de qualités pour la société civile.

2. Silvestres homines sacer, interpresque deorum,
Cædibus et victu fœdo deterruit Orpheus. (Hor., Art poét., 391.)

Les tigres amollis dépouillaient leur audace :
Qu'aux accords d'Amphion les pierres se mouvaient,
Et sur les murs thébains en ordre s'élevaient.
L'harmonie en naissant produisit ces miracles.
Depuis, le ciel en vers fit parler les oracles :
Du sein d'un prêtre ému d'une divine horreur,
Apollon par des vers exhala sa fureur.
Bientôt, ressuscitant[1] les héros des vieux âges,
Homère aux grands exploits anima les courages.
Hésiode, à son tour, par d'utiles leçons,
Des champs trop paresseux vint hâter les moissons.
En mille écrits fameux la sagesse tracée
Fut à l'aide des vers aux mortels annoncée,
Et partout des esprits ses préceptes vainqueurs,
Introduits par l'oreille, entrèrent dans les cœurs.
Pour tant d'heureux bienfaits les Muses révérées
Furent d'un juste encens dans la Grèce honorées ;
Et leur art, attirant le culte des mortels,
A sa gloire en cent lieux vit dresser des autels.
Mais enfin, l'indigence amenant la bassesse,
Le Parnasse oublia sa première noblesse.
Un vil amour du gain, infectant les esprits,
De mensonges grossiers souilla tous les écrits,
Et, partout enfantant mille ouvrages frivoles,
Trafiqua du discours et vendit les paroles.
  Ne vous flétrissez point par un vice si bas.
Si l'or seul a pour vous d'invincibles appas,
Fuyez ces lieux charmants qu'arrose le Permesse :
Ce n'est point sur ses bords qu'habite la richesse.
Aux plus savants auteurs, comme aux plus grands guerriers,
Apollon ne promet qu'un nom et des lauriers.
  Mais quoi ! dans la disette une muse affamée
Ne peut pas, dira-t-on, subsister de fumée[2] ;
Un auteur qui, pressé d'un besoin importun,
Le soir entend crier ses entrailles à jeun,
Goûte peu d'Hélicon les douces promenades :

1. *Ressuscitant*, c'est-à-dire leur rendant la vie dans ses vers, comme en latin, *exsuscitans*.

2. *Fumée*, métaphore, pour *la gloire*.

Horace a bu son soûl quand il voit les Ménades[1],
Et, libre du souci qui trouble Colletet,
N'attend pas pour dîner le succès d'un sonnet.
Il est vrai : mais enfin cette affreuse disgrâce
Rarement parmi nous afflige le Parnasse.
Et que craindre en ce siècle, où toujours les beaux-arts
D'un astre favorable éprouvent les regards;
Où d'un prince éclairé la sage prévoyance
Fait partout au mérite ignorer l'indigence?
Muses, dictez sa gloire à tous vos nourrissons :
Son nom vaut mieux pour eux que toutes vos leçons.
Que Corneille, pour lui rallumant son audace,
Soit encor le Corneille et du *Cid* et d'*Horace*.
Que Racine, enfantant des miracles nouveaux,
De ses héros sur lui forme tous les tableaux.
Que de son nom, chanté par la bouche des belles,
Benserade en tous lieux amuse les ruelles[2].
Que Segrais[3] dans l'églogue en charme les forêts :
Que pour lui l'épigramme aiguise tous ses traits.
Mais quel heureux auteur, dans une autre Enéide[4],
Aux bords du Rhin tremblant conduira cet Alcide?
Quelle savante lyre[5], au bruit de ses exploits,
Fera marcher encor les rochers et les bois;
Chantera le Batave[6] éperdu dans l'orage,

1. Neque enim cantare sub antro
Pierio, thyrsumve potest contingere sana
Paupertas, atque æris inops quo nocte dieque
Corpus eget. Satur est, quum dicit Horatius : Ohe! (Juv., Sat. VII.)

L'expression *a bu son soûl* est un peu triviale, surtout en poésie. — Les *Ménades* ou *Bacchantes;* leur nom vient de μαίνομαι, être en fureur.

2. *Ruelle* s'employait alors dans le même sens que *réduit,* dont nous avons parlé au vers 43 de ce même chant.

3. *Segrais* s'est particulièrement distingué par des églogues, et par une pastorale qui a pour titre *Athis*. Jean Renaud de Segrais, de l'Académie française, mourut dans la ville de Caen, sa patrie, le 25 mars 1701.

4. *Énéide,* antonomase, pour *épopée.*

5. *Lyre,* métonymie, pour *poëte lyrique.*

6. *Le Batave,* synecdoche, pour *les Bataves.*

Soi-même se noyant pour sortir du naufrage[1];
Dira les bataillons sous Mastricht[2] enterrés
Dans ces affreux assauts du soleil éclairés?
Mais, tandis que je parle, une gloire nouvelle
Vers ce vainqueur rapide aux Alpes vous appelle.
Déjà Dôle et Salins sous le joug ont ployé :
Besançon fume encor sur son roc foudroyé[3].
Où sont ces grands guerriers dont les fatales ligues[4]
Devaient à ce torrent opposer tant de digues?
Est-ce encore en fuyant qu'ils pensent l'arrêter,
Fiers du honteux honneur d'avoir su l'éviter[5]?
Que de remparts détruits! que de villes forcées!
Que de moissons de gloire en courant amassées!
Auteurs, pour les chanter redoublez vos transports:
Le sujet ne veut pas de vulgaires efforts.

1. Après le passage du Rhin, Louis XIV s'était rendu maître de presque toute la Hollande, et Amsterdam même se disposait à lui envoyer ses clefs. Les Hollandais, pour sauver le reste de leur pays, n'eurent d'autre ressource que de le submerger entièrement, en lâchant leurs écluses.

2. *Mastricht* était une des places les plus considérables qui restaient aux Hollandais, après les pertes qu'ils avaient éprouvées en 1672. Le roi en personne vint l'assiéger; et après plusieurs assauts donnés en plein jour, et dans lesquels on avait emporté à l'arme blanche tous les dehors, cette place forte se rendit le 29 juin 1673, après treize jours de tranchée ouverte.

3. *Dôle, Salins* et *Besançon* sont les trois principales villes de la Franche-Comté, dont le roi se rendit maître en 1674. Besançon fut assiégé et pris au mois de mai; Dôle et Salins se rendirent le mois suivant. Déjà une première fois Louis XIV avait conquis cette province en 1668.

4. La *ligue* était composée de l'empereur, des rois d'Espagne et de Danemark, de la Hollande et de toute l'Allemagne, excepté les ducs de Bavière et de Hanovre.

5. *Montécuculli*, général de l'armée d'Allemagne pour les alliés, évita le combat, et s'applaudit de la retraite avantageuse qu'il avait faite.

Quos opimus
Fallere et fugere est triumphus,

dit Annibal dans Horace (IV, ode III, 47), en parlant des Romains.

Pour moi qui, jusqu'ici nourri dans la satire,
N'ose encor manier la trompette et la lyre,
Vous me verrez pourtant, dans ce champ glorieux,
Vous animer du moins de la voix et des yeux;
Vous offrir ces leçons que ma muse au Parnasse
Rapporta, jeune encor, du commerce d'Horace;
Seconder votre ardeur, échauffer vos esprits,
Et vous montrer de loin la couronne et le prix [1].
Mais aussi pardonnez, si, plein de ce beau zèle,
De tous vos pas fameux observateur fidèle,
Quelquefois du bon or je sépare le faux [2],
Et des auteurs grossiers j'attaque les défauts:
Censeur un peu fâcheux, mais souvent nécessaire,
Plus enclin à blâmer que savant à bien faire.

1. Après avoir tracé aux jeunes poëtes une route sûre, où ils ne peuvent s'égarer s'ils ne suivent d'autre guide que le goût, Boileau, l'Entelle de la poésie, semble dire, comme ce vieil athlète de Virgile :

Hic victor cæstus artemque repono. (Virg., Én. v.)

2. A l'exemple de Virgile, qui disait, du reste avec assez d'ingratitude, au moment même où il pillait Ennius : *E stercore Ennii aurum colligo.* Horace veut aussi qu'on distingue

quid distent æra lupinis. (Hor., Ép. I, 7.)

On trouve à la même librairie :

BOSSUET. Discours sur l'Histoire universelle, édition accompagnée de remarques et d'appréciations littéraires, par M. E. Lefranc; 1 vol. in-12.

BOSSUET. Oraisons funèbres, édition accompagnée de remarques et d'appréciations littéraires, par M. P. Allain; 1 vol. in-12.

FÉNELON. Aventures de Télémaque, édition accompagnée de remarques et d'appréciations littéraires, par P. Allain; 1 vol. in-12.

FÉNELON. Dialogues des Morts, édition accompagnée de notes et de remarques, par M. P. Longueville; 1 vol. in-12.

FÉNELON. Dialogues sur l'Éloquence, édition accompagnée de remarques et d'appréciations littéraires, par M. J. Girard; in-12.

FÉNELON. Lettre à l'Académie, édition accompagnée de remarques et d'appréciations littéraires, par M. A. Dubois; in-12.

LA BRUYÈRE. Caractères, édition accompagnée de remarques et d'appréciations littéraires, par M. J. Helleu; 1 vol. in-12.

LA FONTAINE. Fables, édition accompagnée de remarques et d'appréciations littéraires, par M. Héguin de Guerle; 1 vol. in-12.

MASSILLON. Petit Carême, édition accompagnée de remarques et d'appréciations littéraires, par M. E. Lefranc; 1 vol. in-12.

MONTESQUIEU. Grandeur et décadence des Romains, édition accompagnée de remarques et d'appréciations littéraires, par M. P. Longueville; 1 vol. in-12.

PASCAL. Pensées, édition accompagnée de notes et de remarques, par M. Pr. Faugère; 1 vol. in-12.

ROUSSEAU (J. B.). Œuvres lyriques, édition accompagnée de remarques et d'appréciations littéraires, par M. E. Pessonneaux; 1 vol. in-12.

THÉATRE CLASSIQUE, comprenant neuf pièces; édition accompagnée de remarques, d'analyses et d'appréciations littéraires, par MM. Dubois, Geoffroy, Lefranc, etc.; 1 fort vol. in-12.

VOLTAIRE. Histoire de Charles XII, édition accompagnée de remarques et d'appréciations littéraires, par M. J. Genouille; 1 vol. in-12.

VOLTAIRE. Siècle de Louis XIV, édition accompagnée de remarques et d'appréciations littéraires, par M. J. Genouille; 1 vol. in-12.

www.ingramcontent.com/pod-product-compliance
Lightning Source LLC
LaVergne TN
LVHW020627110826
845149LV00004B/1063

* 9 7 8 2 0 1 2 1 6 5 4 4 1 *